Kerstdecoraties met kralen

Anneke Radsma-Rietveld

CANTECLEER

Eerste druk 2004

ISBN 90213 3487 9
NUR 460

Vormgeving omslag: Hans Britsemmer, Kudelstaart
Vormgeving binnenwerk: Studio Imago, Amersfoort
Fotografie: Hennie Raaymakers, St.-Michielsgestel
Styling: Willemien Mommersteeg, St.-Michielsgestel
Patronen: Anneke Radsma-Rietveld
Illustraties: Evelijn van Groenland, Geertruidenberg
Redactie: Tonneke Kemmenaar, Amsterdam

Dit boek is gepubliceerd door
Uitgeverij Cantecleer
Postbus 309
3740 AH Baarn

www.tirionuitgevers.nl

Cantecleer maakt deel uit van Tirion Uitgevers bv

Inhoud

Voorwoord

Geef mij een grote sortering kralen, staafjes en andere kleine materialen, neem de kerstdagen als onderwerp en de basis is gelegd voor het vervaardigen van creatieve kerstdecoraties. Voor deze hobbytopper heb ik een breed assortiment materialen op mijn tafel uitgespreid zonder te weten wat ik precies zou gaan maken. Ik ervaar dit als een leuke manier van werken welke je de mogelijkheid biedt om je creatieve ideeën te verwerken. Het is de bedoeling dat je met de omschreven voorbeelden als leidraad je creatieve gedachten de vrije loop laat en aan de gang gaat om mooie kerstdecoraties te maken. Ikzelf ben oneindig aan het combineren geweest en heb dit net zolang gedaan totdat iets moois ontstond. Het toepassingsgebied van deze decoraties is natuurlijk enorm breed want je kunt ze ophangen in de kerstboom maar vele decoraties lenen zich ook uitstekend voor het verwerken in een mooi kerststuk. Sommige werkstukjes kun je gewoon ergens neerleggen of ophangen. Ik heb erg veel plezier beleefd aan het vervaardigen van de in deze hobbytopper omschreven decoraties. Ik vertrouw erop dat ook jij, met dit boek in de hand, je creatieve ideeën kunt uitvoeren. Als je nog vragen hebt of mij je werkstuk wilt tonen stuur dan een foto naar mijn winkel De Kralenhoek aan de Ruïnelaan 12, 1861 LL in Bergen NH. Natuurlijk is een e-mail naar radsma@worldonline.nl ook van harte welkom. Als je van ver komt en een bezoekje aan mijn winkel wilt brengen bel dan eerst even zodat je zeker weet dat ik aanwezig ben.
Ik wens je veel succes bij het vervaardigen van de kerstversieringen.

Anneke Radsma-Rietveld

Bedankje

Ook voor het typewerk voor deze hobbytopper heb ik weer een beroep kunnen doen op mijn vriendin Conny Schuitmaker waarvoor ik haar zeer erkentelijk ben.

Anneke

Kerstdecoraties

Lees deze lijst van benodigdheden goed door. Per hoofdstuk en werkstuk staan de benodigde maten en kleuren vermeld.

- Deelbare plastic bollen: twee halve plastic bollen die je op elkaar kunt plaatsen.
- Draadringen: mooie bewerkte ringen in verschillende maten. Ik gebruik meestal de 7 cm. Verkrijgbaar in goud- of zilverkleur.
- Draadsterren: verkrijgbaar in twee maten (groot en klein) en altijd voorzien van acht punten. Ik heb ze ook dubbel gebruikt, met een grote kraal ertussen, dan worden het mooie ruimtelijke sterren.
- Driehoekkralen: mooi gekleurde kralen in prachtige kleuren, bijna allemaal met in de glazen kraal ook nog een beetje goud of brons. Het gat in de kraal zit van de brede naar de smalle kant. Het lijken dan net de rokjes van de engeltjes.
- Druppelkralen: kralen die een beetje taps toelopen. Het gaatje kan verticaal of horizontaal geboord zitten.
- Facetkralen: grote kralen van acryl. Deze kralen worden gebruikt voor het lijfje van de engeltjes. Ze zijn in verschillende kleuren en maten te koop.
- Facetkralen: glazen kralen die wat hoekig geslepen zijn. In dit boek gebruikt in veel verschillende maten en kleuren.
- Gouddraad: dun gouddraad om de werkstukken aan op te hangen. Te koop als klosjes van DMC.
- Kapjes: metalen sierkapjes die gebruikt worden om een kraal af te dekken. Werden in het verleden vaak gebruikt bij het maken van kettingen.
- Kettelstiften: pennetjes met een platte onderkant. Als er een kraal op wordt geregen blijft deze op het platte onderkantje steken.
- Klokjes: goudkleurig klokje van 25 mm. Deze heb ik in een metalen goud-kleurige ring gehangen die bewerkt is met kralen.
- Kralen maat 9/0: dit is een Stenboden kraal, deze is iets groter omdat je er met naald en draad meerdere keren door moet.
- Kralen maat 11/0: een kleine maat kraal gebruikt in rood, groen en goud metallic. Meng de kleuren door elkaar voor het verwerken.
- Kunststof bloemkelkjes: kleine kunststof bloemkelkjes die worden gebruikt als kraagje.

- Lintjes: in de werkstukken wordt veel 3 mm lint gebruikt.
- Lintroosjes: kleine roosjes gemaakt van lint. Verkrijgbaar in verschillende Maten in goed gesorteerde fourniturenwinkels.
- Ongebleekte katoen: gebruikt om een placemat te maken. In elke stoffenzaak te koop.
- Opnaaistrass: 7 mm en 5 mm opnaaistrass in verschillende kleuren. Onder de strass zit een metalen kastje voorzien van een kruis, hierdoor schuif je ze moeiteloos op de draadsterren.
- Organza lint: lint van 10 mm breed voor de strikken op de hoeken van de placemat en gewoon organza, voor de placemat.
- Pailletten: dunne schijfjes van een hard soort plastic. Pailletten zijn plat verkrijgbaar en als cuvette, dan zijn ze een beetje bol naar een kant. Pailletten zijn verkrijgbaar in diverse kleuren en maten.
- Parels: worden in de werkstukken in verschillende maten en kleuren gebruikt. De parels die op strengen worden verkocht zijn van goede kwaliteit.
- Plakstrass: strass met een platte achterkant waardoor ze goed geplakt kunnen worden met behulp van sieradenlijm.
- Reminders: deze zijn gemaakt van metaaldraad met daaraan een versiering van kralen. Geef iedereen op je feestje zijn eigen reminder om de voet van zijn/haar glas en geef ze aan het einde van het feest cadeau!
- Ronde kralen: kralen in kleur en maat passend bij het werkstuk dat gemaakt wordt. De keuze aan deze kralen is oneindig.
- Piramidekraal: deze kraal is breed in het midden en loopt naar beide zijkanten smal toe.
- Reverpennen: stevige metalen pennen met een plat kantje. Op de pennen rijg je de kralen en het lint, aan de bovenkant kan dan een oogje worden gebogen.
- Rondbektangetje: deze heb je nodig om de sterren, de reverpennen e.d. te kunnen buigen.
- Scribbles: flesjes met glitterlijm. Bij het verwerken lijken alle kleuren wit maar tijdens het drogen komt de eigenlijke kleur pas goed tot zijn recht. In plaats van Scribbles kun je ook de flesjes van Stickles gebruiken.
- Servetring: een servetring van plexiglas. Te koop in een goede hobbyzaak.
- Sieradenlijm: lijm waarmee je de strass goed in het midden van de draadsterren kunt lijmen of de strass aan het uiteinde van iets vast kunt lijmen. In dit boek ook gebruikt om de strass op de deelbare bolletjes te lijmen.

- Staafjes: meestal heb ik gedraaide staafjes van 11 mm lengte gebruikt. Het nadeel hiervan is de beperkte kleurkeuze, gebruik daarom ook gladde staafjes.
- Stenboden garen: wordt door mij veel gebruikt omdat het dun en ijzersterk is. Als het stevig wordt aangetrokken blijft alles goed in model zitten.
- Strassbollen: van strass gemaakte ronde bolletjes van ongeveer 8 mm. Ze zijn niet goedkoop. Ik gebruik in de werkstukken dan ook maar een paar stuks.
- Strassrondellen: twee metalen schijfjes (goud- of zilverkleurig) met kleine steentjes ertussen. De rondellen zijn te koop met diverse kleuren steentjes en kunnen worden geregen of worden op een kettelstift gezet.
- Veiligheidsspelden: worden gebruikt om een rokje te maken voor een engeltje.
- Wattenbollen: bolletjes van geperste watten waar je goed omheen kunt lijmen. Ook verkrijgbaar als klokje en andere vormen.
- Wol:gekrulde witte bouclé wol als haar voor de engeltjes. Je kunt natuurlijk ook een plukje engelenhaar op het kopje lijmen.
- IJzerdraad: het dunste draad zit op klossen en wordt gebruikt voor de vleugels van de engeltjes. Gebruik bij voorkeur het gouden draad omdat het zilveren draad sneller breekt. Het dikkere draad wordt op bundels van 5 meter verkocht.
- Zijkniptangetje: handig om te gebruiken voor het doorknippen van het ijzerdraad, de reverpennen en het dikkere koperdraad.

Aubergine

Grote dubbele ster (voorkant kaft)

Benodigdheden:
- 2 draadsterren doorsnede 14 cm
- 1 grote gouden parel 2 cm
- klosje koperdraad
- 3 mm pareltje goud
- aubergine staafjes 11 mm
- lange goudkleurige kralen 15 mm
- goud 3 mm lint

Neem een stukje koperdraad en wikkel dit om de ster. Haal het draad door de grote parel en dan om de tweede ster. Draai het koperdraad goed in elkaar en knip het af met een zijkniptangetje. Rijg op elke draad van de draadster een staafje, een parel, een staafje, een parel en een staafje.
Dan beide draden door de grotere lange kraal rijgen. Buig met het rondbektangetje de draden van de draadster om de kraal terug. Buig aan een van de draden een oogje en maak daar met het lint een ophanglusje en een strikje aan. Plak naar keuze nog een plakstrass in het midden op de draadster.

Bolletje met Stickles en strass

Benodigdheden:
- deelbaar bolletje van 5 cm
- Stickles roze SGG 01874
- 8 plakstrassen in verschillende roze tinten
- goud 3 mm lint

Druk het bolletje in elkaar en spuit de Stickles op het bolletje. Maak er acht puntjes aan en wissel deze af kort en lang. Onder aan het puntje een plakstrass op de Stickles plakken. Als je het moeilijk vindt werk dan in gedeeltes. Maak met het lint een ophanglus en een strikje.

Ster in ring

Benodigdheden:
- goudkleurige ring doorsnede 7 cm
- aubergine gedraaide staafjes 11 mm
- gouden parels 3 mm
- aubergine kralen 9/0
- Stenboden garen om de ster te rijgen
- DMC goud garen om de ster in de ring te naaien

Rijg 10 pareltjes 3 mm op een draad en schuif ze naar het eind. Knoop het garen tot je een ringetje van pareltjes hebt. Rijg een staafje, een kraal, een staafje, een kraal, een staafje, een parel, een staafje, een kraal en een staafje. Steek terug door de eerste kraal. Rijg dan een staafje en steek om de draad tussen de volgende parel*. Rijg dan een staafje, een kraal en nog een staafje. Steek door de tweede kraal van de vorige toer. Rijg dan een staafje, een parel, een staafje, een kraal en een staafje. Steek terug door de kraal van de vorige toer. Rijg dan een staafje en naai om de draad tussen de volgende parels. Rijg zo vanaf * tot er tien puntjes zijn. Hecht aan in de eerste toer en naai met gouddraad de ster in de ring.

Lange kralen pegel

Benodigdheden:
- reverpen 15 cm
- verschillende aubergine kralen
- 2 strassrondellen aubergine
- goud 3 mm lint

Rijg op de reverpen een facetkraaltje, een grotere kraal en dan weer een facetkraaltje. Dan een strassrondel en weer een facetkraaltje. Dan een grotere kraal. Maak met het lint een strikje als volgt: steek de pen aan het uiteinde door het lint 2,5 cm weer de pen erdoor. Maak zo vijf lusjes. Rijg dan weer drie kralen met tussen de tweede en de derde kraal een strassrondel. Maak dan met het lint weer een strikje van vijf lusjes. Rijg de kralenpegel verder af en maak bovenaan een strikje van grotere lussen en zeven lussen. Knip het lint af op 7 cm en prik nog een stukje lint van 14 cm extra op de pen. Knip de pen af met het zijkniptangetje en buig er een oogje aan.

Bolletje met aubergine netje

Benodigdheden:

- plastic bolletje van 4 cm doorsnede
- 20 gram aubergine 9/0 kralen
- goud 3 mm parels
- Stenboden garen

Neem een draad en rijg acht kralen en knoop dit aan het uiteinde tot een ringetje. Rijg vijf kralen en steek door de tweede kraal van de opzetring. Doe dit nog drie keer en naai door de eerste twee kralen van de eerste vijf kralen.
Toer 2: rijg drie kralen en sla één kraal over. Rijg weer drie kralen en steek door de tweede kraal van de volgende boog.
Rijg aan het einde van de toer twee kralen verder.
Toer 3 en 4: drie aubergine kralen, een pareltje en weer drie kralen. Naai in het midden van de volgende boog.
Toer 5: vier kralen, een parel en vier kralen. De hele ronde herhalen. Aan het eind 2 kralen verder naaien.
Toer 6 en 7: vijf kralen, een parel en vijf kralen.
Toer 8: vier kralen, een parel en vier kralen.
Toer 9: drie kralen, een parel en drie kralen.
Toer 10: zeven aubergine kralen. Doe nu het bolletje in het kralenwerk.
toer 11: drie kralen.
Toer 12: drie kralen, 1 kraal.
Toer13: vier maal drie kralen en goed afhechten.
Maak nog een goud strikje op het bolletje.

Rood met goud

Strooisterretje

Benodigdheden:
- 12 9/0 kralen rood
- 12 staafjes 11 mm rood
- Stenboden garen

Rijg twaalf kraaltjes en knoop ze op het eind van de draad tot een ringetje. Rijg dan twee staafjes en naai door de vierde kraal van het opzetringetje. Rijg zo drie puntjes. Rijg twee kralen verder. Rijg twee staafjes en naai door de middelste van de drie kralen. Rijg zo ook drie puntjes. Goed afhechten.

Rode kralen pegel

Deze maak je hetzelfde als de kralen pegel van het aubergine hofdstuk. Alleen neem je nu alles in het rood en in plaats van de strassrondellen neem je twee strassbollen.

Parelster met vijf puntjes

Benodigdheden:
- rode parel 5 mm
- stukje dun koperdraad

Rijg tien parels en draai het koperdraad tot een ring. Rijg dan drie parels, sla in de opzetring een parel over. Maak zo vijf puntjes. Afhechten.

Ster met rode en gouden parels

Benodigdheden:
- rode parels 5 mm
- gouden parels 5 mm
- 10 gouden pareltjes 3 mm
- stukje koperdraad

Rijg twaalf rode parels en maak dit tot een ring. Rijg een gouden parel, een rode parel en nog een gouden parel. Steek terug door de rode parel. Rijg een gouden parel en sla in de opzetring een parel over. Maak zo zes punten. Bij de laatste punt tien kleine pareltjes rijgen voordat u terug steekt. Dit wordt de ophanglus. Goed afhechten.

Rood engeltje

Benodigdheden:

- acryl pegel met het gat horizontaal
- gouden 9/0 kralen
- klein gouden kapje
- rode kraal 10 mm voor het kopje
- stukje koperdraad
- beetje wol voor haar

Neem een stukje koperdraad en steek deze door de opening. Rijg vijftien kralen en steek terug door de acryl kraal. Doe dit ook aan de andere kant. Steek weer terug door de acryl kraal en door twee kralen. Maak met eenentwintig kralen een tweede boog om de vijftien kralen. Steek door twee kralen en weer door de acryl kraal. Maak aan de andere kant ook zo'n boog. Draai de twee koperdraadjes bovenaan de acryl kraal in elkaar. Steek de koperdraadjes door het kapje en de grotere kraal. Maak van het koperdraadje een oogje om het engeltje op te hangen. Plak wat witte wol op het hoofdje en maak een lusje aan het oogje vast.

Plastic bol met goud en rood

Gebruik voor dit bolletje het patroon van het aubergine bolletje. Gebruik alleen gouden 9/0 kralen en rode 3 mm parels. Werk het bolletje af met rood 3 mm lint.

Blauw met zilver

Ster met acht punten

Benodigdheden:

- zilver gedraaide staafjes 11 mm
- wat 9/0 kralen donkerblauw
- 8 piramide kralen blauw
- 16 opnaaistrassen blauw 5 mm
- Stenboden garen
- draadster klein 10 cm doorsnede

Rijg op de acht punten van de draadster een staafje en een piramide kraal en twee 9/0 kralen. Knoop een draad Stenboden aan een 9/0 kraal. Rijg dan een rijgstrass en schuif deze op de draadster. Rijg op de draad een 9/0 kraal, een staafje en nog een 9/0 kraal. Dan weer een rijgstrass en schuif deze weer op de draaster. Ga zo het hele rondje om. Steek met de draad door de eerste 9/0 kraal en het staafje. Rijg dan punt voor punt. Rijg op een draadster een staafje, een kraal en weer een staafje. Rijg dit ook op de draad en dan nog een rijgstrass erbij. Steek deze weer op de draadster en ga met de draad aan de andere kant terug met een staafje, een 9/0 kraal en een staafje. Steek door het horizontale staafje en begin aan de volgende punt. Maak zo de acht punten af. Plak op het hart van de draadster een blauwe plakstrass.

Ster zilver in een ring

Gebruik voor deze ster het patroon van de aubergine ster. Alleen alles veranderen in de kleuren blauw en zilver. Maak er een zilveren ophanglusje aan en een blauw 3 mm strikje.

Lichtblauw engeltje

Benodigdheden:

- acryl kraal met het gat verticaal
- kettelstift 5 cm
- strassrondel zilver
- wat 9/0 kralen licht blauw
- vier 3 mm pareltjes
- 4 staafjes, 11 mm blauw
- 10 mm parel als kopje
- wol en lint voor op het kopje
- stukje koperdraad

Steek de kettelstift door de acryl kraal door de strassrondel en door de kraal van het kopje. Buig bovenaan op het kopje een oogje. Maak de vleugeltjes als volgt*. Rijg een staafje, zes 9/0 kralen en nog een staafje. Draai dit om elkaar en om de kettelstift onder het strassrondel naar de andere kant. Rijg vanaf * nog een keer en ga weer om de kettelstift heen naar de andere kant. Steek het koperdraadje door het staafje en rijg dan een pareltje en acht 9/0 kralen en nog een pareltje. Steek door het tweede staafje en doe dit ook aan de andere kant. Draai de koperdraadjes goed om elkaar en knip ze af. Plak een beetje wol op het kopje en maak met lint een ophanglusje.

Strooisterretjes in blauw en zilver

Het patroon van dit sterretje staat in het hoofdstuk Rood met goud van dit boek. Maak ze in blauw en zilver.

Plastic bol met blauw netje

Benodigdheden:

- plastic deelbare bol doorsnede 5 cm
- 20 gram 9/0 kralen blauw
- matblauwe facetkralen 4 mm
- pegeltjes blauw
- Stenboden garen

Rijg twaalf 9/0 kralen en knoop dit tot een ring.
Toer 1: rijg drie 9/0 kralen en sla in de opzetring een kraal over. Rijg zo zes puntjes. Rijg twee kralen verder zodat je uit het puntje komt.
Toer 2: rijg vijf 9/0 kralen en steek in het midden van de volgende boog. Rijg zo weer helemaal rond en steek aan het eind vier kralen verder.
Toer 3: rijg drie 9/0 kralen, een facetkraal en nog drie 9/0 kralen. Steek in het midden van de volgende boog. Aan het eind van de toer verder naaien tot je uit de facetkraal komt.
Toer 4: rijg vier 9/0 kralen in plaats van drie. Voor de rest hetzelfde als toer 3.
Toer 5: hetzelfde als de vorige twee toeren alleen vijf 9/0 kralen nemen.
Toer 6: zes 9/0 kralen en een pegeltje en nog zes 9/0 kralen. Aan het eind van de toer door rijgen tot je uit het pegeltje komt.
Toer 7: hetzelfde als toer 6 alleen acht 9/0 kralen rijgen.
Toer 8: hetzelfde als toer 6 alleen zeven 9/0 kralen rijgen.
Toer 9: hetzelfde als toer 6 alleen zes 9/0 kralen rijgen.
Toer 10: vijf 9/0 kralen, een facetkraal en weer vijf 9/0 kralen. Doe het bolletje in het kralenwerk.
Toer 11: vier 9/0 kralen, een facetkraal en weer vier 9/0 kralen. Rijg weer door tot je aan het eind uit de facetkraal komt.
Toer 12: zeven 9/0 kralen, naai door de facetkraal. Aan het eind van de toer doornaaien tot je uit het midden van de boog komt.
Toer 13: hetzelfde als toer 12 alleen vijf 9/0 kralen rijgen.
Toer 14: het netje sluiten door met een kraal van lus tot lus te rijgen. Goed afhechten.

Goud met ecru parels

Parelster in ring

Benodigdheden:
- metalen ring goud diameter 7 cm
- 3 mm parels goud
- rijstekorrels ecru
- parels ecru 6 mm
- Stenboden garen

Neem een naald en draad en rijg vierentwintig pareltjes van 3 mm. Knoop dit tot een ring. Rijg dan een rijstekorrel, een 3 mm parel, een 6 mm parel, een 3 mm parel en weer een rijstekorrel. Sla in de opzetring een pareltje over. Herhaal dit nog elf keer. Rijg omhoog tot je uit de 6 mm parel komt. Rijg de lussen aan elkaar met steeds een nieuwe 6 mm parel ertussen. Naai door de parels van de lussen. Rijg dan een rijstekorrel en een 3 mm pareltje. Sla de draad om de ring en steek terug door het pareltje. Rijg er weer een rijstekorrel bij en naai door de 6 mm parel. De parels zitten dan met twaalf puntjes aan de ring vast. Maak er een ecru strikje en een ophanglusje aan.

Sterretje met gouden puntjes

Benodigdheden:
- 12 staafjes gedraaid goud
- wat 9/0 kralen goud
- wat 9/0 kralen ecru
- Stenboden garen

Rijg om en om een ecru en goud kraaltje, in totaal twaalf kralen. Knoop dit tot een ring. Steek door het eerste ecru kraaltje en rijg vijf ecru kralen. Naai dan door de volgende ecru kraal van de opzetring. Doe dit nog vijf keer. Naai drie kralen omhoog. Rijg dan een staafje, een ecru kraal en nog een staafje. Rijg door de middelste kraal van de volgende boog. Goed afhechten.

Sterslinger

Benodigdheden:

- ecru parels 3 mm
- gouden parels 5 mm
- goud kraaltje 9/0
- Stenboden garen

Rijg op een draad twaalf ecru pareltjes. Knoop dit tot een ring. Rijg drie parels een steek terug door de tweede parel vanaf de naald. Goed aanschuiven. Rijg er een pareltje bij en steek door de volgende parel van de opzetring. Rijg zo zes puntjes. Afhechten. Als je het aantal voor de slinger klaar hebt verbind je ze als volgt aan elkaar: je komt uit een puntje van de ster en rijgt een 9/0 gouden kraaltje. Rijg naar de opzetring en rijg een 5 mm gouden pareltje. Steek tegenover weer in de opzetring en door naar het puntje. Rijg zo de sterren aan elkaar.

Engeltje op veiligheidsspelden

Benodigdheden:

- 12 veiligheidsspelden goud 2 cm
- 12 parels goud 5 mm
- 12 parels goud 4 mm
- 12 staafjes goud gedraaid 11 mm
- 12 9/0 kralen goud
- goud filigreinkapje
- grote parel 1,8 cm goud als kopje
- stukje ecru lint, organza
- gouden kettelstift + parel 6 mm
- stukje koperdraad

Rijg op de spelden een 9/0 kraal, een staafje en een 4 mm parel. Sluit de speld. Rijg door het kopje van de spelden met een 5 mm parel ertussen op het koperdraadje. Draai het koperdraad aan elkaar, zodat het mooi rond sluit. Doe dat ook aan de andere kant van de spelden. Neem de kettelstift en doe de 6 mm parel erop. Steek deze van onder af door het rokje. Doe het kapje op de kettelstift en dan de grote parel. Draai bovenaan een ringetje van de kettelstift. Plat wat wol op het kopje en een goud draadje als ophanglusje. Maak van het lintje een strikje vlak onder het kapje.

Klein kerstboompje van pareltjes

Benodigdheden:
- 3 mm parels ecru
- goud kraaltje in de vorm van een ster
- elf 9/0 kralen goud
- 5 staafjes 11 mm gedraaid
- stukje koperdraad

Neem het koperdraadje en doe er een 9/0 kraal op. Schuif deze naar het midden. Vouw het koperdraad dubbel en steek door het sterretje. Doe de draden uit elkaar en volg het schema. Maak af en toe een kaarsje. Rijg daarvoor een staafje en twee 9/0 kralen. Steek terug door het staafje. Voor het afhechten van de koperdraadjes de uiteinden goed aan elkaar draaien en afknippen.
U kunt het boompje ook gebruiken voor op een kaart!

Aubergine 2

Grote draadster

Benodigdheden:

- 1 draadster 15 cm
- 16 staafjes 11 mm gedraaid aubergine
- 32 pareltjes goud 3 mm
- 8 facetkralen paars 5 mm
- 16 facetkralen paars 6 mm
- 8 facetkralen paars 8 mm
- 8 ronde kralen lila 8 mm
- 10 rijgstrassen aubergine 7 mm
- sieradenlijm

Rijg volgens schema de kralen op de draadster. Buig aan het eind de draden om de rijgstrass. Haal twee steentjes uit de rijgstrass en plak deze in het midden op de draadster.

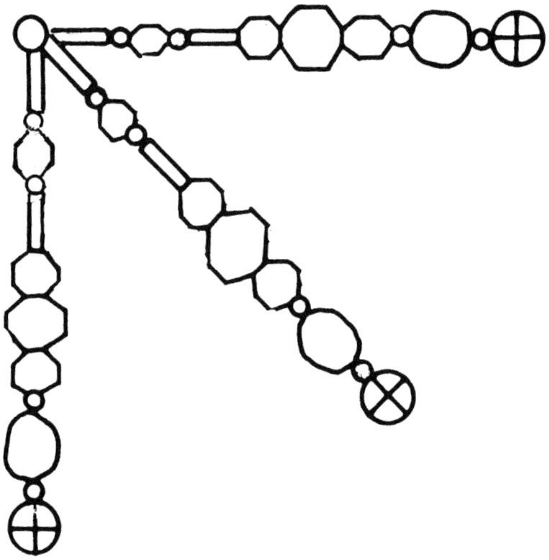

Ster van goud en staafjes

Benodigdheden:
- pareltjes goud 3 mm
- staafjes aubergine gedraaid 11 mm
- Stenboden garen

Maak een goud sterretje zoals beschreven in hoofdstuk ecru voor de slinger. Ga met de draad naar een punt van het sterretje. Rijg een staafje, een pareltje en weer een pareltje. Steek door het volgende puntje van de ster. Aan het eind van de toer verder rijgen door een staafje en de 3 mm parel. Rijg dan drie pareltjes en steek nog een keer door de eerste. Rijg dan een staafje, een pareltje en weer een staafje. Maak dan het volgende picootje.

Strooisterretje

Benodigdheden:
- 12 roze kralen 9/0
- 12 staafjes aubergine gedraaid 11 mm
- Stenboden garen

Volg het patroontje van het strooi sterretje beschreven in het hofdstuk Aubergine.

Aubergine engeltje

Benodigdheden:

- driehoekige kraal
- aubergine 9/0 kraaltjes
- strassrondel aubergine
- 1 cm kraal als kopje
- beetje wol als haar
- kettelstift
- stukje koperdraad

Steek de kettelstift door de kraal van de brede naar de smalle kant. Dan de strassrondel en dan het kopje. Maak bovenop een oogje van de kettelstift. Neem het koperdraadje en doe het midden om de kettelstift onder de strassrondel. Rijg op elke draad vijftien kraaltjes en draai ze rond de kettelstift boven de strass-rondel. Steek terug door vier kraaltjes en rijg er dertien kraaltjes bij. Steek dan door de volgende vier kraaltjes. Goed afhechten. Plak een beetje wol als haar op het kopje en maak met gouddraad een ophang lusje.

Rood-groen-goud

Balletje in rood-groen-goud

Benodigdheden:

- 10 gram 11/0 kralen in metallic rood, groen en goud
- wattenbol van 3 cm doorsnede
- goud 3 mm lint
- Stenboden garen
- sieradenlijm

Mix de drie kleuren kraaltjes door elkaar. Rijg alles op het garen. Lijm de draad met kralen met de sieradenlijm om het wattenbolletje, zorg dat het mooi aansluit. Plak het desnoods in gedeelten. Als het balletje af is maak je er met behulp van een speld een strikje en een ophanglusje aan.

Versierde kaars

Benodigdheden:
- pareltjes 3 mm rood
- 11/0 kralen groen
- klosje koperdraad
- 1 witte kaars
- goud 3 mm lint

Rijg op het koperdraad ongeveer zevenentwintig keer vijf kraatjes, drie rode pareltjes en weer vijf kraaltjes. Als dit klaar is een lusje draaien van de kraaltjes. Dan ertegenaan de pareltjes en dan weer de kraaltjes. Draai dan de drie lusjes bij elkaar. Maak het volgende bosje lusjes op ± 2 cm afstand. Maak in het koperdraad een lus en doe deze om de lont van de kaars. Draai de koperdraad met de lusjes om de kaars. Onderaan een strikje maken van het lint.

Gouden kegel

Benodigdheden:
- reverpen goud 15 cm
- 4 grote parels goud 12 mm
- grote ovale gouden kraal
- parels rood 3 mm
- groene kralen 11/0
- koperdraad

Maak van de pareltjes en de 11/0 kralen ongeveer vijftig propjes zoals beschreven staat bij de versierde kaars. Hecht het koperdraad onder aan de reverpen. Draai de propjes er stevig omheen. Dan de draad afknippen en een grote parel rijgen. Dit in totaal vijf keer herhalen; alleen de bovenste kraal is een ovale! Boven deze kraal een oogje buigen aan de reverpen. Maak er een strikje van goud lint aan en een ophanglusje.

Ring met klokje

Benodigdheden:

- goudkleurige ring van 7 cm diameter
- goud klokje 2,5 cm
- goud draadje om het klokje in de ring te hangen
- 3 mm rode parels
- groene 11/0 kralen
- koperdraad

Draai ongeveer 25 propjes zoals beschreven bij de versierde kaars en draai deze om de ring. Hang met het gouddraad het klokje in de ring. Maak ook een strikje van hetzelfde gouddraadje.

Goud

Grote dubbele ster

Benodigdheden:

- 2 draadsterren van 15 cm
- 1 grote gouden kraal van 16 mm
- staafjes gedraaid 11 mm goud
- pareltjes 4 mm goud
- pareldruppels 8 mm goud
- parels goud 10 mm
- stukje koperdraad
- 2 plakstrass goud 7 mm

Wikkel het koperdraad om de draadster en dan beide draden door de grote kraal van 16 mm. Doe het draad dan om de tweede draadster. Draai het koperdraad stevig in elkaar en knip het dan af. Volg het schema wat u aan de draadster moet rijgen. Op de punt beide draden in één kraal steken en de puntjes van de draadster ombuigen. Plak met sieradenlijm een strass op het midden van de ster.

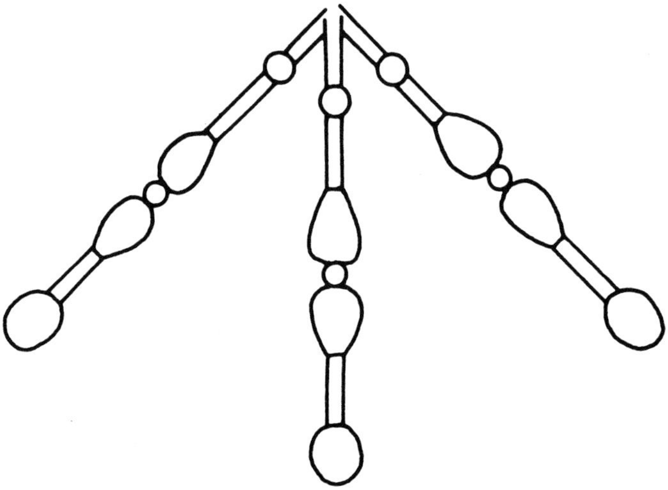

Sterretje van druppels

Benodigdheden:
- 5 parels goud 5 mm
- 5 druppels goud 8 mm
- 5 kralen goud 9/0
- stukje koperdraad

Rijg de vijf parels op het koperdraad en draai het koperdraad in elkaar. Ga met één draad verder volgens het schema. Rijg een druppel van smal naar breed en een 9/0 kraal. Steek terug door de druppel. Steek dan door de parel van de opzetring. Maak zo het sterretje af.

Strooisterretjes

Het patroontje staat beschreven in het hoofdstuk Rood met goud. Verander alleen de kleuren in goud.

Driedubbele ster

Benodigdheden:
- 3 mm parels goud
- staafjes gedraaid 11 mm goud
- druppels 8 mm goud
- Stenboden garen

Begin met het rijgen van achttien pareltjes van 3 mm. Rijg dan een staafje, een druppel van de brede naar de smalle kant, een 3 mm pareltje. Steek terug door de druppel. Trek alles goed aan. Rijg er een staafje bij en sla in de opzetring twee parels over. Steek door de derde parel. Maak op deze manier totaal zes puntjes. Rijg verder door één 3 mm parel, je komt dan in het midden tussen de staafjes uit. Rijg een 3 mm pareltje, een staafje en twee 3 mm parels. Steek terug door de tweede parel vanaf de naald. Rijg er een staafje en een 3 mm pareltje bij. Sla de draad om de draad tussen de twee pareltjes tussen de staafjes in de opzetring. Steek extra door het 3 mm pareltje. Rijg dan weer een staafje en twee 3 mm pareltjes voor het volgende puntje. Als het rondje klaar is de ster omdraaien en dan ook aan deze kant zes puntjes met staafjes maken.

Engeltje op facetkraal

Benodigdheden:

- grote facetkraal transparant
- 4 staafjes 11 mm gedraaid goud
- 9/0 kralen goud
- grote gouden parel 12 mm
- stukje koperdraad
- beetje wol als haar
- 4 pareltjes goud 3 mm

Rijg een 9/0 kraal op het koperdraad en schuif deze naar het midden van de draad. Doe de draad dubbel door de facetkraal van de brede naar de smalle kant. Maak dan op de draden apart de vleugels. Rijg een staafje, vijf 9/0 kralen en een staafje. Steek de draad weer door het eerste staafje. Rijg dan het 3 mm pareltje, acht 9/0 kralen en weer een pareltje door het staafje.
Draai dan beide draden in elkaar en samen door de grote parel. Buig op het hoofd een oogje en knip de rest van het koperdraad af. Maak aan het oogje een ophanglusje en plak wat wol als haar op het hoofdje.

Groen

Strooisterretjes

Het patroon staat beschreven in het hoofdstuk Rood met goud. Bij deze sterretjes kun je goed het effect van kleine en grotere staafjes zien.

Ster in ring

Benodigdheden:

- 3 mm parels goud
- staafjes lichtgroen 6 mm
- parels 6 mm donkergroen
- een paar groene 9/0 kralen
- Stenboden garen
- Ring goud 7 cm

Rijg twintig gouden parels 3 mm op een draad en schuif ze naar het einde van deze draad. Knoop dit geheel stevig tot een ring. Rijg dan een staafje, een 3 mm pareltje, een 6 mm parel en weer een 3 mm parel en een staafje. Sla in de opzetring een parel over en steek door de volgende parel. Maak zo in totaal tien lussen. Aan het einde verder rijgen tot je uit de grote parel komt. Rijg dan een 9/0 kraal, een grote parel en weer een 9/0 kraal. Steek door de grote parel van een lus en rijg aan het eind verder tot je uit de parel komt die tussen de twee 9/0 kralen zit. Rijg dan een staafje, een 3 mm parel en sla de draad om de metalen ring. Steek terug door het 3 mm pareltje en rijg weer een staafje. Steek door de volgende grote parel en maak zo de ster verder af.

Groen balletje met pailletten

Benodigdheden:

- 9/0 kralen donkergroen
- deelbare bol 5 cm
- parels goud 3 mm
- 9/0 kralen goud
- pailletten donkergroen
- Stenboden garen

Rijg op een draad acht 9/0 kralen groen. Knoop dit tot een ringetje. Rijg vijf kralen en sla er in de opzetring één over. Maak zo vier bogen. Naai aan het eind van de toer twee kralen verder. Rijg drie 9/0 kralen en sla één kraal over. Rijg weer drie kralen en naai in de tweede kraal van de volgende boog. Naai aan het eind van de toer weer twee kralen verder. Rijg dan een 9/0 kraal, een gouden pareltje en weer een 9/0 kraal. Steek in het midden van de volgende boog. Aan het eind van de toer door naaien tot je uit de gouden parel komt. Dit doe je verder het hele balletje. De volgende twee toeren zijn: drie kralen, een parel en weer drie kralen. De volgende vier toeren zijn: vier kralen, een pareltje en weer vier kralen. Steeds aan het einde van de toeren door naaien tot je uit de gouden parel komt. Doe dan halverwege het balletje in het kralenwerk. Sluit het balletje met drie kralen. Naai weer twee kralen verder. Nog een toer van drie kralen. Naai weer twee kralen verder. Sluit de bal met één kraal van boog tot boog. Goed afhechten. Met een nieuwe draad langs alle gouden parels rijgen. Een lusje maken van twee kralen goud, één paillet, één kraal, één paillet, één kraal, één paillet en twee kralen. Afhechten.

Lange pen met spiraal

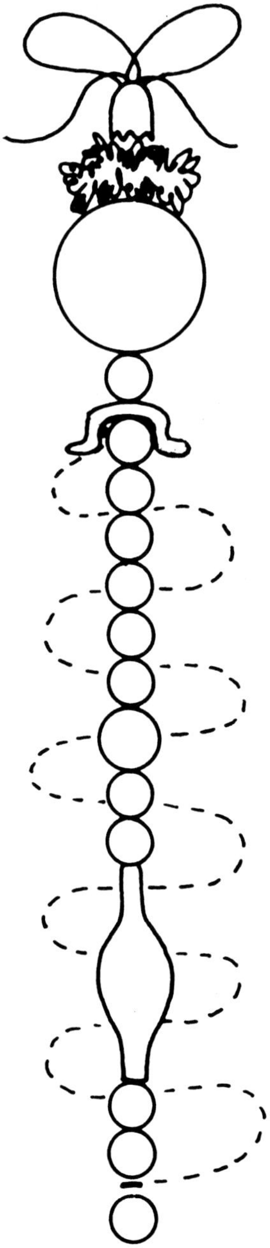

Benodigdheden:

- lange reverpen van 20 cm goud
- 6 parels donkergroen 6 mm
- 4 parels donkergroen 5 mm
- 4 parels goud 8 mm
- lange gouden kraal
- grote parel goud 2 cm
- 3 gouden lintroosjes
- 2 filigrein kapjes
- 10 gram donkergroene 9/0 kralen
- 6 mm gouddraad

Rijg de 9/0 kralen op het gouddraad. Schuif ze tegen elkaar aan en wikkel het geheel om een stokje van 2 cm doorsnee (een stukje elektrapijp is ook een goede maat). Maak aan één kant een oogje zodat de kralen er niet af vallen. Doe dit ook aan de andere kant. Laat een beetje ruimte op de draad. Neem de reverpen en rijg er een 6 mm parel op. Steek de pen in het spiraal. Rijg dan volgens het schema de rest van de kralen op de pen. Na de groene parels het tweede oogje van de spiraal erop schuiven. Daarna de rest van de gouden kralen en de roosjes. Eindig met een kapje en een gouden parel van 8 mm. Buig tot slot een oogje aan de reverpen.

Brons

Bronzen ster

Benodigdheden:

- staafjes 11 mm gedraaid brons
- 18 pareltjes 4 mm
- 9/0 kraaltjes brons
- 6 parels goud 3 mm
- 9/0 kraaltjes goud
- Stenboden garen

Rijg twaalf 4 mm pareltjes op de draad en knoop dit tot een ring. Rijg dan een brons kraaltje, een staafje, een brons kraaltje, een staafje en weer een brons kraaltje. Sla in de opzetring een pareltje over en steek door de volgende. Maak zo in totaal zes puntjes. Rijg aan het einde van de toer naar het midden van zo'n puntje. Je komt dan uit een brons kraaltje. Rijg dan een brons kraaltje, een staafje, een 4 mm pareltje, een staafje en een brons kraaltje. Steek door het volgende puntje. Rijg aan het eind van de toer verder door de 9/0 kraal en het staafje. Rijg vijf 9/0 kralen over de parel door het staafje en de bronzen 9/0 kraal. Rijg een 3 mm gouden pareltje en naai door de bronzen 9/0 kraal en het staafje. Maak zo het sterretje af.

Bal met staafjes rond

Benodigdheden:

- transparante bal 5 cm
- staafjes gedraaid 11 mm brons
- 9/0 kralen brons
- 8 glazen druppels
- 10 pareltjes goud 3 mm
- Stenboden garen
- 2 naaldjes

Neem een draad en twee naaldjes. Doe een naald aan elke kant van de draad. Rijg een staafje en een kraal. Aan de andere kant van de draad ook een kraal en een staafjc. Kijk op het schema! Kruis de draden door het staafje en maak een lengte van vierenveertig staafjes. Hecht het bandje aan elkaar tot een ring. Goed afhechten. Neem een nieuwe draad en rijg tien 3 mm parels en knoop het geheel weer tot een ring. Rijg dan vijftien kralen. Steek de naald door vier kralen welke aan de zijkant van het bandje zitten. Ga dan met vijftien kralen weer omhoog. Steek door het volgende gouden pareltje. Maak zo het geheel af. Hang het kralenwerk over het balletje. Hecht een nieuwe draad onder aan het bandje. Rijg een kraltje en naai door de volgende kraal. Rijg tien kralen en sla er in het bandje vier over. Maak zo aan de onderkant de lussen. Rijg aan het eind van de toer naar het midden van deze boog. Je komt uit de zesde kraal. Rijg de volgende toer vijf kralen, een druppel en weer vijf kralen. Naai in de volgende toer door de twee middelste kralen van de volgende boog. Afhechten.

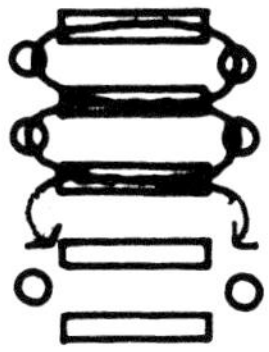

Balletje met Scribbles en strass

De werkwijze van het balletje staat in het hoofdstuk Aubergine, maar dan in het roze. Bij dit balletje is de kleur brons gebruikt. De kleur van de gebruikte Scribbles is bright copper SC 304.

Strooisterretjes

Gebruik voor deze sterretjes bronzen staafjes 11 mm gedraaid en 9/0 kralen brons. Het patroon staat beschreven in het hoofdstuk Rood met goud.

Tafeldecoraties

Placemat

Benodigdheden:

- ongebleekte katoen van 40 × 60 cm
- rode organza van 30 × 50 cm
- 2 strengen parels goud 3 mm
- klosje DMC-garen goud
- rood organza lint van 10 mm breed

Rijg de organza in het midden op de lap ongebleekte katoen. Maak met de katoen een rand van 3 cm breed. Sla de katoen daarvoor terug op de organza. Vouw de hoeken mooi in een plooi. Markeer met een klein potloodpuntje om de 1,5 cm waar een pareltje moet komen. Naai de rand vast met goud garen van DMC. Zet eerst een steekje waar de markering staat en een steekje erop met een pareltje. Werk de hoeken af met een rode organza strik van het lint.

Servetring

Benodigdheden:

- servetring van plexiglas
- 2 stukjes organza lint rood en ecru
- DMC garen goud
- parels goud 3 mm
- parels goud 4 mm
- dubbelzijdig plakband

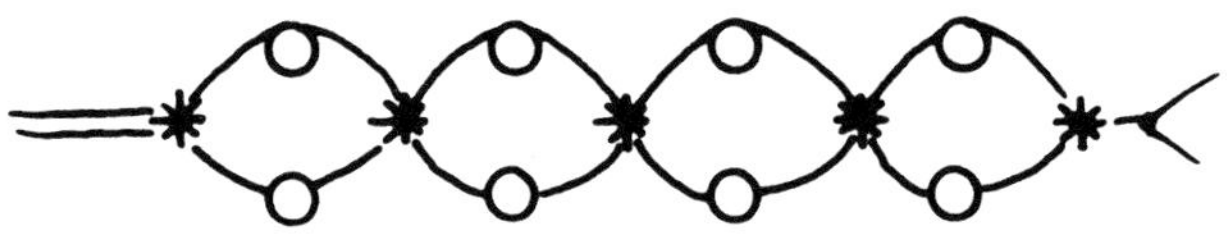

Plak het lint met dubbelzijdig plakband om de servetring. Neem een stuk van 80 cm DMC-garen en rijg daar wat parels op (3 en 4 mm door elkaar gebruiken). Doe de draad dubbel en leg op ongeveer 5 cm vanaf de vouw een knoop met een dubbele draad. Kijk op het schema.
Schuif dan een parel naar de knoop toe en laat deze draad iets vieren zodat er een lus met een parel ontstaat. Leg dan met beide draden weer een knoop. Dit herhalen tot de draad op is. Wikkel de draad om de servetring en knoop de uiteinden goed aan elkaar. Als het niet vol genoeg is maak dan nog zo'n draad.

Strooisterretjes

Het patroon staat in het hoofdstuk Rood met goud beschreven. Deze sterretjes zijn gemaakt met rode metallic 9/0 kralen en gouden staafjes.

Menukaart en naamkaartje

Benodigdheden:

- een ecru kaart van 10 cm breed en 13 cm hoog
- een ecru ovaal kadertje
- stukje rode organza
- stukje rood organza lint
- 13 parels goud 4 mm
- stickerhoeken goud kerst, golfrandje en gouden letters
- 'Make me' plakstrass
- dubbelzijdig plakband
- foamtape

Plak met dubbelzijdig plakband het organza achter het ovale kader. Plak het kader met foamtape in het midden, 1,5 cm van de bovenkant, op de kaart. Zet onderaan in het midden een klein potloodpuntje naast het kader op de kaart. Meet dan langs het kadertje steeds 1,5 cm naar boven toe 2 gaatjes. Naai daar dan een pareltje op. Werk de kaart af met bovenaan een strikje, de hoeken met stickers, een klein plaksterretje in de hoeken, de tekst erop en een golfrand sticker op het kadertje.

Naamkaartje

Snijd van ecru papier een dubbel kaartje van 6 cm hoog en 9 cm breed. Neem een strookje papier van 6 × 3 cm en plak dit om met een stukje organza. Naai met gouddraad een strooi-sterretje en hang deze op het organza strookje. Maak bovenaan een organza strikje. Plak het strookje links op het menukaartje op ongeveer een 0,5 cm vanaf de zijkant. Zet rechts op het kaartje de naam van de gast en versier de hoeken met een sticker en een plaksterretje.

Reminders

Benodigdheden:

- metaaldraad of oorbelcreolen
- diverse kralen goud en rood
- kettelstiften
- rondbektangetje

Maak aan de creolen of het metaaldraad een haakje en oogje zodat je het in elkaar kunt haken. Maak met het tangetje en de kettelstift met de kralen een versiering. Hang dit aan het ringetje en geef na het feest iedereen zijn eigen reminder mee naar huis als herinnering aan een gezellig samenzijn.

MENU
ANNE